Género Texto expositivo

Pregunta esencial
¿Cómo utilizamos la energía?

LA ENERGÍA DEL VIENTO

Ann Weil

CAPÍTULO 1

¿QUÉ ES EL VIENTO?

No puedes ver el viento, pero sí puedes ver qué hace. El viento levanta un papalote por el aire. El viento empuja un velero por el agua.

Los veleros son un modo de usar la energía del viento. La gente usaba veleros en el antiguo Egipto. Navegaban por el río Nilo. Más tarde, en Europa, se usaron veleros para explorar. Algunos navegaron hacia América. Otros navegaron alrededor del mundo.

La vela mayor de un barco captura la energía del viento.

Bettmann/Getty Images

El aire sobre la tierra se calienta más rápido que el aire sobre el agua.

¿Qué es el viento? Es aire que se mueve. Todo lo que se mueve tiene energía. El viento obtiene energía del sol. Primero, el sol calienta el aire. Luego, el aire cálido sube. El aire frío se mueve para ocupar su lugar. Ese aire que se mueve es el viento.

Illustration: Rob Schuster

AHORA COMPRUEBA

¿Qué has aprendido sobre la energía del viento hasta ahora?

CAPÍTULO 2
LOS MOLINOS DE VIENTO

Los molinos son otro modo de usar la energía del viento. Un **molino de viento** puede bombear agua. Obtener agua así es más fácil que tener que transportarla desde los ríos.

Este molino de viento en California bombeaba agua.

Algunos lugares de Estados Unidos son secos. La tierra es un elemento que tiene muy poca agua pero, por el contrario, hay una gran cantidad de agua subterránea. Los molinos extraen el agua hasta la superficie.

Las haciendas usan molinos de viento para extraer agua subterránea.

La historia de los molinos de viento

En China, la gente usaba molinos simples para bombear agua hace 2,000 años. Más tarde, los habitantes de Persia y el Medio Oriente también los usaron. Los primeros molinos de viento molían granos para producir alimentos. En el siglo XII, los europeos ya usaban molinos.

Este molino en Grecia es del siglo XVI.

Los molinos holandeses tenían cuatro brazos largos. Cada brazo tenía un aspa o una tablilla de madera.

Los holandeses usaban molinos para quitar agua. Su tierra era demasiado húmeda. Por eso, drenaban la tierra. Luego, podían usarla en las granjas.

Los holandeses construyeron muros para contener el mar.

ICP/Alamy Stock Photo

AHORA COMPRUEBA

¿Para qué usaban los molinos los holandeses?

CAPÍTULO 3 DE MOLINOS A PARQUES EÓLICOS

Hoy seguimos usando la energía del viento. La usamos de modos nuevos. La usamos para generar electricidad. La electricidad fluye por los hogares y las escuelas. La usamos para dar energía a las cosas.

Las computadoras y los televisores funcionan con electricidad.

Ann Cutting/Photographer's Choice/Getty Images

Aerogeneradores

El molino para generar electricidad se llama **aerogenerador**. Uno pequeño puede producir suficiente electricidad para un hogar. Uno grande puede producir energía para una ciudad pequeña. Texas tiene la mayor cantidad de aerogeneradores en Estados Unidos.

Algunas casas, además, obtienen electricidad del sol.

John Rensten/Photographer's Choice RF/Getty Images

Un **parque eólico**, o de viento, es un lugar con muchos aerogeneradores. Estos están unidos, lo que ayuda a que trabajen mejor. De este modo, un parque eólico ubicado en un lugar aislado puede recibir mucho viento y producir mucha electricidad.

Este parque eólico en California es uno de los más antiguos de Estados Unidos.

Detective del lenguaje	Halla el adjetivo eólico. ¿Por qué es masculino?

(bkgd) The McGraw-Hill Companies, Inc./John Flournoy, photographer

Los parques eólicos tienen grandes aerogeneradores. ¡Algunos miden 20 pisos de alto! Sus aspas abarcan un espacio muy amplio. ¡El área podría ser más extensa que una cancha de fútbol!

Uno de los aerogeneradores más grandes está en Alemania y mide 453 pies (138 metros) de alto.

AHORA COMPRUEBA

¿Por qué se construyen parques eólicos?

CAPÍTULO 4

EL FUTURO DE LA ENERGÍA DEL VIENTO

La energía del viento no **contamina** el aire ni el agua. Pero los parques eólicos pueden ser ruidosos. Hacen temblar la tierra. La gente que vive cerca de ellos se queja de estas cosas. Los parques eólicos además pueden dañar a los animales. No son lugares seguros para las aves o los murciélagos.

Detective del lenguaje | Halla el adjetivo seguros. ¿Por qué está en plural?

John Short/Alamy

Los expertos buscan modos de mejorar los parques eólicos. Muchos no son totalmente silenciosos, pero se está logrando que hagan menos ruido. Los expertos también buscan cómo hacer que sean seguros para los animales.

Las aves chocan más a menudo contra edificios que contra aerogeneradores.

Algunas centrales eléctricas contaminan el aire.

La energía del viento puede ser la mejor forma de satisfacer nuestra necesidad de energía. La energía del viento es limpia. Tenemos mucha cantidad. Cuesta menos que comprar petróleo a otros países. El mundo se quedará sin petróleo algún día. ¡Pero nunca nos quedaremos sin viento!

James Jordan Photography/Flickr RF/Getty Images

Respuesta a la lectura

Resumir

Usa detalles para resumir *La energía del viento.*

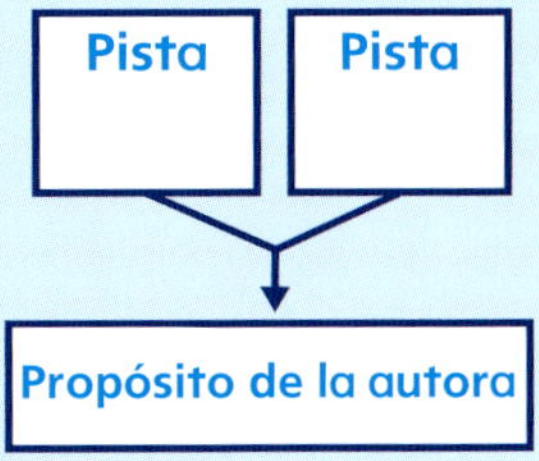

Evidencia en el texto

1. ¿Cómo sabes que *La energía del viento* es un texto expositivo? **Género**
2. ¿Por qué la autora escribió este texto? **Propósito de la autora**
3. Usa claves en el párrafo para deducir el significado de *drenaban* en la página 7. **Claves en el párrafo**
4. Escribe acerca de lo que aprendiste sobre la energía del viento. **Escribir sobre la lectura**

Género Texto expositivo

Compara los textos

Lee sobre cómo la gente usa una forma diferente de energía.

Una casa solar

Muchas personas calientan sus casas. Algunos usan leña para generar calor. Algunos usan petróleo. Otros usan electricidad. Ahora, más gente usa energía solar. Producen su propia electricidad en lugar de comprarla a una compañía eléctrica.

ENERGÍA SOLAR

La energía solar proviene del sol. Algunas personas colocan paneles en el techo. El sol brilla a lo largo del techo. Los paneles convierten la luz del sol en calor y electricidad. La gente usa esta energía para calentar sus casas.

En esta casa se utiliza energía solar para dar calor en invierno.

Larry Landolfi/Science Source/Getty Images

Muchas casas usan calentadores de repuesto los días nublados.

Haz conexiones

¿Para qué se usan la energía del viento y la solar? **Pregunta esencial**

¿Cómo se obtiene energía en *La energía del viento y Una casa solar*?

El texto y otros textos

Glosario

aerogenerador motor con aspas que giran con el viento para crear energía ***(página 9)***

contaminar ensuciar ***(página 12)***

molino de viento máquina con aspas que giran con el viento para generar energía ***(página 4)***

parque eólico lugar con muchos aerogeneradores conectados ***(página 10)***

Índice

Enfoque: Ciencias

Propósito Hacer una manga de viento

Paso a paso

Paso 1 Necesitarás dos hojas de papel grueso, cinta y cordel. Forma un tubo con una hoja de papel. Pégalo con cinta.

Paso 2 Corta la otra hoja de papel en tiras. Pega las tiras a la parte inferior del tubo.

Paso 3 Pega un trozo de cordel en la parte superior del tubo. Cuelga la manga afuera en un sitio ventoso.

Conclusión ¿Qué sucede cuando el viento entra en la manga? Coméntalo con un compañero o una compañera.